BEI GRIN MACHT SICH IHR WISSEN BEZAHLT

- Wir veröffentlichen Ihre Hausarbeit,
  Bachelor- und Masterarbeit

- Ihr eigenes eBook und Buch -
  weltweit in allen wichtigen Shops

- Verdienen Sie an jedem Verkauf

Jetzt bei www.GRIN.com hochladen und kostenlos publizieren

Paradoxien kirchlicher Zukunftshoffnungen. Vom raschen Wandel der Zeitläufte und der Anpassungsbereitschaft der Evangelischen Kirche in Deutschland

Karl-Fritz Daiber

Bibliografische Information der Deutschen Nationalbibliothek:

Die Deutsche Nationalbibliothek verzeichnet diese Publikation in der Deutschen Nationalbibliografie; detaillierte bibliografische Daten sind im Internet über http://dnb.d-nb.de abrufbar.

ISBN: 9783346263766
Dieses Buch ist auch als E-Book erhältlich.

Druck und Bindung: Books on Demand GmbH, Norderstedt Germany
Gedruckt auf säurefreiem Papier aus verantwortungsvollen Quellen

Das vorliegende Werk wurde sorgfältig erarbeitet. Dennoch übernehmen Autoren und Verlag für die Richtigkeit von Angaben, Hinweisen, Links und Ratschlägen sowie eventuelle Druckfehler keine Haftung.

Das Buch bei GRIN: https://www.grin.com/document/937289

Karl-Fritz Daiber

Paradoxien kirchlicher Zukunftshoffnungen 2006
und 2020
Vom raschen Wandel der Zeitläufte und der
Anpassungsbereitschaft der Evangelischen Kirche
in Deutschland

Neu Geschriebenes und wieder Gelesenes, nicht
ganz frei von Animositäten

Inhalt

Die Aufforderung 4

Du musst das gelesen haben. Nun denn 4

Kirche auf gutem Grund – Elf Leitsätze für eine aufgeschlossene
Kirche 5

Die Erinnerung 7

Die nicht abgeschlossene Planungsperiode der 12 Leuchtfeuer in
„Kirche der Freiheit 7

Zukunftsperspektiven in der Wahrnehmung des Rates der
Evangelischen Kirche in Deutschland im Jahr 2006 7

Vorbemerkung 7

Mein Text von 2006 8

Anlass 8

Die Sprache des Arbeitspapiers 9

Visionen in Prozentwerten 13

Ortsgemeinden 17

Die EKD-Veröffentlichung 21

Notwenige Ergänzung 21

Nachwort 23

Ansätze eines Vergleichs: Die Paradoxien kirchlicher
Zukunftsperspektiven 23

Fünf Hinweise und ein biblischer Kontrapunkt 23

1 Die Machbarkeitsphantasien und ihr Ausdruck in der Sprache 23

2 Zwei Programme, die sich widersprechen 24

3 Die fehlende Evaluation im Programm 2 – kein Rückblick auf
Programm 25

4 Das Problem der zentralistischen Planung 27

5 Die Reduzierung der Zahl der Ortsgemeinden und ihre
unterschiedlichen Profilierungen 28

6 Biblischer Kontrapunkt 29

Die Aufforderung

Du musst das gelesen haben. Nun denn

Es war Gerhard Wegner, früherer Direktor des Sozialwissenschaftlichen Instituts der EKD, der mich auf seinen eigenen Artikel in „zeitzeichen" aufmerksam gemacht hatte (Gerhard Wegner, Attacke auf die Ortsgemeinden – Was die EKD in der Krise der Kirche vorschlägt, zeitzeichen.net, 29. Juli 2020). Seinen Artikel habe ich zuerst studiert. Er war ungewöhnlich kritisch mit dem neuen Zukunftsprogramm umgegangen, das im November 2020 auf der Tagung der EKD-Synode diskutiert werden sollte und zuvor einer breiteren Öffentlichkeit vorgestellt worden war. Wegner kannte meine eigenen Arbeiten zu Planungs- und Reformprozessen in den evangelischen Landeskirchen in Deutschland. So lag er nicht ganz falsch, dass ich möglicherweise an der Sache Interesse hatte. Eine Veröffentlichung dazu war zunächst nicht intendiert. Die Meinung der Altvorderen ist ja nicht unbedingt gefragt. Gefragt ist die Meinung der Jüngeren. Ein Blick über die ersten Stellungnahmen bestätigt dies. Der Wiener Systematiker Ulrich Körtner hatte sich kritisch geäußert, Widerspruch von einem sächsischen Pfarrer. Im Grunde war das Echo nicht besonders breit, auch wenn weitere Diskussionsbeiträge folgten, in der Kirchenpresse und in Tageszeitungen.

Einen Blick auf das Arbeitspapier wollte ich schon werfen: „Kirche auf gutem Grund – Elf Leitsätze für eine aufgeschlossene Kirche". Die Leitsätze seien in einem Gremium erarbeitet worden. Ihre Formulierung gehe auf Dr. Thies Gundlach zurück, so Wegner, in Pressemeldungen seit einiger Zeit als „Cheftheologe der EKD" tituliert, Geistlicher Vizepräsident im EKD-Kirchenamt, also Spitzenbeamter unter dem Rat der EKD und dessen Vorsitzendem, Landesbischof Professor Dr. Heinrich Bedford-Strohm.

Inzwischen habe ich die elf Leitsätze ein paar Mal zu lesen versucht. Sie haben immer wieder erneut Widerstand bei mir ausgelöst, ich konnte buchstäblich nicht die einzelnen Stücke lesen. Ich hatte keine Lust weiter zu lesen. Das soll es bei Theologen auch geben. Warum nur? Ich versuche nachzudenken.

Kirche auf gutem Grund – Elf Leitsätze für eine aufgeschlossene Kirche

Mein Widerstand begann bei der Überschrift: Kirche auf gutem Grund, aufgeschlossene Kirche. Formaler kann man die Überschrift für Leitsätze nicht formulieren, inhaltsleer, vielleicht wohlwollend anbiedernd. Kirchengebäude sind heutzutage meistens zugeschlossen. Es sei notwendig. Gleichwohl fühlt sich manch einer, der den Kirchenraum betreten möchte, angesichts der zugeschlossenen Tür als ausgeschlossen.

Und dann lese ich weiter: Was sind dies nur für Leitsätze, die in einer Art Futurum propheticum niedergeschrieben sind. Begründete Voraussagen sind es nicht. Wer könnte derartige Voraussagen wirklich wagen.

Schon einmal hat die EKD ein Zukunftsprogramm unter die Leute gebracht: „Kirche der Freiheit". Weniger formal im Titel und doch stellte sich die Frage ein: Welcher Freiheit nur? Freiheit lutherisch gedacht, liberal, sozialdemokratisch-liberal, reichsbürgerliberal?

Etwas weniger formal ist der alte Titel von damals, aber nicht ganz unbedenklich beliebig.

Und dann die kühnen Sätze im Futurum propheticum, deren erster Teil nicht der Kirche des Evangeliums und der Bekenntnisse, sondern der Kirche der öffentlichen Theologie gewidmet ist.

Es war mir nicht möglich, weiterzulesen, nicht einmal mich mit dem wichtigen Problem der Ortskirchengemeinden befassen.

Ganz schweigen wollte ich doch nicht, so habe ich einen anderen Weg gewählt.

Die Erinnerung

Die nicht abgeschlossene Planungsperiode der 12 Leuchtfeuer in „Kirche der Freiheit"

Zukunftsperspektiven in der Wahrnehmung des Rates der Evangelischen Kirche in Deutschland im Jahr 2006

Vorbemerkung

Wie schon erwähnt, es ist noch nicht so lange her, dass schon einmal, nämlich 2006, die Evangelische Kirche in Deutschland einen Reformprozess angeregt hat, eben jenen der zwölf Leuchtfeuer in „Kirche der Freiheit". In den Blick genommen wurde damals die Zeit bis 2030. Wir haben also noch rund zehn Jahre vor uns, in denen die Planungen von damals realisiert werden sollten. Mit Fug und Recht kann man sich also dieses Papieres erinnern.

Damals habe ich die kirchlichen Planungen durchleuchtet und meine Überlegungen veröffentlicht. Der Text wurde erstmals auf meiner Webseite (www.karl-fritz-daiber.de) als zweiter Teil meiner Studie „Volkskirche in der Krise? – Religionssoziologische Aspekte" im August 2006 veröffentlicht. Er scheint mir noch heute, und zwar im Blick auf die Bewertung von „Kirche auf gutem Grund" nicht ganz falsch zu liegen. Um allen Missverständnissen zu wehren, das Folgende ist eine Art Selbstzitat von Überlegungen von damals, mit allen Stärken und Schwächen.

Mein Text von 2006

Anlass

Am 6. Juli 2006 hat die Frankfurter Allgemeine Zeitung auf Seite eins die Situation der evangelischen Kirche kommentiert: „Evangelische Kirche vor radikalen Einschnitten". Anlass des Artikels war die Veröffentlichung des Impulspapiers des Rats der EKD „Kirche der Freiheit- Zwölf Leuchtfeuer" samt dem Geleitwort von Bischof Huber. Der Artikel von Heike Schmoll stand unter dem Titel „Tabubruch", erwartungsgemäß kritisch, überraschenderweise höchst kritisch.

Kommentare aus den Landeskirchen zum Problem der kirchlichen Neuorganisation in Deutschland wurden am 18. Juli vermeldet. Heike Schmoll setzte mit ihrem Leitartikel „Evangelischer Reformeifer" kritisch nach. Der Artikel war am 18. Juli über das Internet schon zugänglich gemacht worden.

Möglicherweise brachte mich überhaupt erst Schmolls provokatorische Kommentierung dazu, mich mit dem Papier zu beschäftigen. Manche der vorgeschlagenen strukturellen Veränderungen waren diskussionswürdig und entsprachen meinen eigenen Überlegungen.

Ich gehe höchst selektiv vor: Ich betrachte zunächst das Papier als sprachliche Gesamtkonstruktion. Ich beschränke mich auf einige quantitative Zielvorgaben und beschäftige mich schließlich mit der Zukunft der Ortsgemeinden in der Perspektive des Papiers. In allen drei Punkten werden meiner Meinung nach gefährliche Weichenstellungen vollzogen. Über die territoriale Neugliederung, also über Fusionen von Landeskirchen, wird genug debattiert werden. Es zeichnet sich ja schon ab.

Die Sprache des Arbeitspapiers

Zunächst habe ich in überraschender Weise entdeckt, dass ich schon bei der Lektüre der ersten Texte ähnliche Wahrnehmungen hatte wie die Kommentatorin der Frankfurter Allgemeinen Zeitung. Wenn die Sprache nur ein reiner Formalismus wäre, könnte man das Problem übersehen, aber hier wird eine Botschaft vermittelt, deren Tiefenstruktur bedeutsamer ist als das an der Oberfläche Dargestellte. Zu beginnen ist mit dem Titel, der dem Papier gegeben worden ist: „Kirche der Freiheit". Mit diesem Verständnis von Kirche soll das protestantische Profil zur Darstellung kommen.

Dass die evangelische Kirche von der Freiheit eines Christenmenschen her bestimmt werden soll, steht ziemlich außer Frage. Doch das Papier will die evangelische Kirche ja gerade auch in der gesellschaftlichen Öffentlichkeit präsentieren. Hier wird der theologische Freiheitsbegriff zum politischen, dies im Kontext einer „freiheitlich-demokratischen Grundordnung". Die evangelische Kirche fügt sich damit emphatisch in diese Ordnung ein. Gewiss behält sie Eigenes, verliert aber auch an Profil, weil sie im Allgemein-Konsensfähigen aufgeht.

Wie könnte die evangelische Kirche sich anders bestimmen? Was waren möglicherweise Alternativen, die unter den Autoren des Papiers diskutiert wurden? Die Kirche des rechtfertigenden Evangeliums, die Kirche der Predigt des Wortes Gottes, die Kirche der Reformation oder nur einfach die evangelische Kirche, diesmal wirklich emphatisch gemeint und ausgelegt? Vielleicht steckt in dem Papier viel mehr Angst vor einer geistlichen Profilierung, als man es erkennen lassen und öffentlich kommunizieren will.

Der Gesamteindruck, der mir nach der Lektüre geblieben ist, ist folgender: Die Kirche der Freiheit als Kirche der Zukunft ist eine zentralistische, von oben nach unten bürokratisch durchorganisierte Kirche mit einer trainierten, geführten und kontrollierten Mitarbeiterschaft, die allen Regeln eines Produktionsprozesses genügt.

Zugegeben, es gibt viele Stellen im Text, die dieser Wahrnehmung widersprechen, theologischer und nichttheologischer Art. In der Wahrnehmung durchgesetzt haben sie sich bei meiner Lektüre nicht.

Eingestreutes Theologisches hatte für mich eher die Funktion eines postmodernen Zierrates für die funktional durchgestylte Organisation. Dass dieser Eindruck entstehen konnte, lässt sich allerdings begründen. Dazu gehe ich vom speziell perspektivischen Teil aus, dem Teil mit dem Schwerpunkt bei den „zwölf Leuchtfeuern".

In religiösen, auch pseudoreligiösen Texten spielt die Zahlensymbolik häufig eine nicht unwichtige Rolle. Die Zahl Zwölf ist kaum zufällig entstanden. Soll hier die Fortsetzung apostolischer Sukzession symbolisiert werden?

Und das Leuchtfeuer, das Licht auf dem Berg, das nicht verborgen bleiben kann, Hilfe der Wegfindung für die verirrten Schifflein? Zunächst hatte ich den Eindruck, der Begriff Leuchtfeuer müsse aus der nördlichen Hälfte Deutschlands kommen. Indessen belehrte mich das Internet, dass auch der Württembergische Brüderbund die Leuchtfeuermetapher verwendet, um geistliche Qualitäten auszusagen. Nichts also gegen die „Leuchtfeuer", vor allem dann, wenn die metaphorische Sprache christliches Bekennen und bürokratisches Planen nicht allzu vermischt.

Dass dies der Text eben tut, soll belegt werden:

Als 4. Leuchtfeuer, in dem es um den „Aufbruch bei allen kirchlichen Mitarbeitenden" geht, wird formuliert:

„Auf Gott vertrauen und das Leben gestalten – durch geistliche Kompetenz, Qualitätsbewusstsein und Leistungsbereitschaft bei den Menschen Vertrauen gewinnen.
Im Jahr 2030 haben sich bei den kirchlichen Mitarbeitenden Leistungsfähigkeit, Qualitätsbewusstsein und Identifizierung mit den kirchlichen Grundaufgaben signifikant erhöht. Auch hat die evangelische Kirche kirchlich angemessene Formen gefunden, Erfolge zu würdigen. Das trägt zu einer hohen Zufriedenheit der Mitarbeitenden mit ihrer Arbeitssituation bei. "

Präambulatorisch wird so in allen zwölf Leuchtfeuern eingeleitet: „Auf Gott vertrauen und das Leben gestalten". Das ist ein Bekenntnissatz. Ihm folgt unvermittelt der Programmsatz: „durch geistliche Kompetenz..." und schließlich folgt die Konkretisierung des Gedankens in Gestalt einer „Vision". Hierfür wird eine Art Präsens propheticum verwendet. Der Inhalt wird mit Anleihen aus der Fachsprache des Managementtrainings präsentiert. Und in der Konkretion liegt denn auch der visionäre Schwerpunkt der Perspektive. Bereits im Programmsatz wird dieser Sprachtyp schon verwendet. Was auf diese Weise transportiert wird, ist eine Art „Hilf-dir-selbst-so-hilft-dir-Gott-Theologie", eine Ermutigung im Stile von Klinsmanns Optimismus (Einfügung 2020: Klinsmann war einmal Trainer der deutschen Fußball-Nationalmannschaft), in Wirklichkeit zugleich eine harsche Kritik an den Mitarbeitenden, denen gegenwärtig noch geistliche Kompetenz, Qualitätsbewusstsein und Leistungsbereitschaft zu fehlen scheinen. Dabei sind kirchlich Mitarbeitende nicht nur die von der Organisation Kirche besoldeten, sondern alle sind kirchliche Mitarbeiter und Mitarbeiterinnen, auch diejenigen, die vom Staat oder

Sozialversicherungen bezahlt werden (64). Heißt dies, dass eine als Christin sich verstehende Sozialarbeiterin einer staatlichen Behörde auch kirchliche Mitarbeiterin ist? Theologisch gesehen ist da ja was dran, aber gewöhnlich sind aus gutem Grunde Mitarbeiter der Kirche Mitarbeiter der Organisation Kirche. So genau sollte man schon bleiben, zumal die einschlägigen Denkmuster hierfür in der Theologie entwickelt sind.

„Auf Gott vertrauen" – wird hier nicht konkretisiert. Es bleibt einfach erratisch stehen.

Auf der Beziehungsebene der sprachlichen Verständigung geht es um Tadel, Ermahnung, unbedingte Aufforderung, radikale Umkehr im Bereich organisatorischen Handelns, kurzum um Mentalitätswandel, Mentalitätswechsel. Dies sind die Schlüsselbegriffe des ganzen Papiers. Der notwendige Mentalitätswechsel wird durch die fortlaufende Wiederholung geradezu eingehämmert. Von ihm ist die Zukunft der Kirche abhängig, jedenfalls nach Meinung der veröffentlichten Perspektiven.

Visionen in Prozentwerten

Es steht außer Frage, dass es für Organisationen wichtig ist, Zielvorgaben zu entwickeln, Zukunftsperspektiven, an denen sich gegenwärtiges Handeln orientieren kann. Die evangelischen Kirchen in der weiten Welt haben schon lange die Wichtigkeit von Visionen entdeckt. Visionen dürfen etwas Utopisches haben, Ziele benennen, die kaum zu verwirklichen sind, allerdings keine, die großer Wahrscheinlichkeit nach überhaupt nicht zu verwirklichen sind.

Als zum ersten Mal Überlegungen angestellt wurden, Planungsinstrumente für die Kirchen zu entwickeln – dies ist etwa 40 Jahre her – ist in diesem Zusammenhang von Realutopien gesprochen worden: Ziele müssen hochgesteckt sein, aber immer auch noch zu verwirklichen. Visionäre dürfen nicht zu Utopisten werden. Wenn sie dies tun, erzeugen Zukunftsperspektiven keine Spannungen mehr, sie können von vorn herein abgetan werden, zumal dann, wenn utopische Zielvorgaben konkretistisch formuliert werden, etwa in Prozentwerten, wie die „Zielperspektiven" es tun.

Die generalisierte Leitvorstellung des Papiers lautet: „Wachsen gegen den Trend". Der Begriff „wachsen" meint nicht ein innerliches „Wachsen", nicht ein spirituelles Wachstum, sondern ein quantitatives, die Mitgliederbestände sollen ansteigen.

Die Orientierung am Wachstum entstammt der nordamerikanischen Gemeindeaufbau-Diskussion, insbesondere auch evangelikaler Prägung: Jede Kirche kann Mega-Kirche werden, und bestehende Mega-Kirchen zeigen, dass Mega-Kirchen als solche möglich sind.

In der Tat gibt es sie weltweit. Sie verbinden heutzutage Entertainment mit charismatischer Tradition und biblizistischer Grundorientierung. Wenn die Kirchen der Evangelischen Kirche in Deutschland charismatische Erlebniskirchen dieser Prägung würden, dann könnten sie möglicherweise gegen den Trend wachsen. Weltweit wachsen die etablierten Kirchen selten. Trotzdem wächst das Christentum, aber eben vor allem das charismatische. Und genau diese Elemente enthält das Perspektivenpapier nicht. Ziel sind auch nicht Highlife-Gottesdienste, sondern „stilsichere und qualitätsvolle" Festgottesdienste (52) und damit wohl auch die normalen Sonntagsgottesdienste. Ich vermute, dass diese die Leute nicht von den Stühlen reißen, auch nicht reißen sollen. Aber hier liegt das Dilemma des Wachstums gegen den Trend.

Im Jahr 2004 war ich am Ostermontag im Worldcup-Stadion in Seoul, 40 000 und mehr Christen waren zusammengekommen, um für ein Osterwunder zu beten, für das neue Wachstum der Gemeinden. Charismatisch-spektakulär war der Gottesdienst nicht, das Erlebnis lag in der Masse von Menschen, die Ostern gemeinsam feierten.

Zwei Jahre später nahm ich am Ostergottesdienst der anglikanischen Gemeinde in Bandar Seri Begawan, Hauptstadt des islamischen Sultanats Brunei, teil. Während der Abendgottesdienst am Karfreitag in der kleinen, übrigens einzigen christlichen Kirche nach der überkommenen Liturgie der anglikanischen Kirche gehalten wurde, dies mit minimaler Beteiligung der Gemeinde, fand der Ostergottesdienst im Festsaal einer neuen Galeria statt. Über dreitausend Menschen waren zum Gottesdienst zusammengekommen, gestaltet nach der Liturgie eines professionellen Entertainments. Ein Prediger aus Malaysia war eingeflogen worden, der Hauptpfarrer einer Megakirche. Und die Leute waren begeistert, eine internationale Gemeinschaft, die die neue Liturgie beherrschte. Vermutlich ist aus solchen Hölzern das Wachstum wider den Trend geschnitzt.

Das EKD-Papier gibt für das erstrebte Wachstum konkrete Marken an:

- *Bis zum Jahre 2030 soll der jetzige Anteil von 31,3 Prozent an der Gesamtbevölkerung in Deutschland gehalten werden.*
- *Der Anteil der Kirchenmitglieder, die regelmäßig von den kirchlichen Kernangeboten Gebrauch machen, sollte sich auf ca. 50 Prozent verdoppeln.*
- *Der durchschnittliche Gottesdienstbesuch sollte von 4 auf 10 Prozent der Kirchenmitglieder gesteigert werden.*
- *Alle Verstorbenen, die der evangelischen Kirche angehören, sollten auch kirchlich bestattet werden.*
- *Alle Kinder, deren Eltern der evangelischen Kirche angehören, sollten getauft werden.*
- *Die Anzahl der Taufen von Kindern mit einem evangelischen Elternteil sollte „signifikant" erhöht werden.*
- *Alle Paare, in denen beide Partner der evangelischen Kirche angehören, sollten getraut werden.*
- *Paare, bei denen nur die Partnerin oder der Partner evangelisch ist, sollten zu einem höheren Prozentsatz getraut werden (alles 52).*
- *90 Prozent aller Kinder eines Jahrgangs sollten im Laufe der ersten sechs Lebensjahre mit dem christlichen Glauben in Berührung kommen (80).*
- *Schließlich: 20 Prozent aller Finanzmittel der evangelischen Kirche sollten zusätzlich eingeworben werden.*
- *Der Anteil der Kirchenmitglieder, die regelmäßig an der Finanzierung der Kirche beteiligt sind, sollte von ca. 30 auf ca. 60 Prozent erhöht werden.*

- Und dies unter der Bedingung, dass der Anteil der parochialen Ortsgemeinden an der Gesamtzahl der Gemeinden von derzeit 80 Prozent auf 50 Prozent zurückgefahren wird.

Geht man nur von den Zielvorstellungen im Blick auf die Beteiligungsformen der Kirchenmitglieder aus, ist mit einiger Sicherheit zu vermuten, dass diese Werte weder mit Anreizen noch – und das wäre ja eine historisch überkommene Möglichkeit – über die Kirchenzucht erreichbar sind. Es ist in der Tat so, dass die Beteiligung an den biografischen Gottesdiensten zurückgegangen ist, überraschenderweise auch bei den Begräbnissen. In Hamburg ist allerdings schon seit dem 19. Jahrhundert zu beobachten, dass keineswegs alle Kirchenmitglieder eine kirchliche Begräbnisfeier wünschen. Oft, wenn nicht meistens, hängt dies damit zusammen, dass ein Kontakt zur Ortsgemeinde und zum Ortspfarrer fehlt. Wie soll man aber dieses Problem lösen, wenn das System der lokalen Gemeinden ausgedünnt wird? Gravierender noch sind die bestehenden Pluralisierungstendenzen und die Abkehr von den großen gesellschaftlichen Institutionen. Ebenfalls älteren Datums ist der Bedeutungsverlust der kirchlichen Sitte, zu dem im Übrigen die evangelischen Pfarrer selbst kräftig beigetragen haben: Die Entscheidung des einzelnen sollte ja keinesfalls durch gesellschaftliche Zwänge beeinträchtigt werden. So sind Hundertprozentlösungen alles in allem jenseits des auch nur Denkbaren.

Und die Verdoppelung des Kirchenbesuchs? Nicht einmal die süddeutschen Landeskirchen, die traditionsgemäß „kirchlicher" orientiert sind als die norddeutschen, kommen auf solche Werte. Der Gesichtspunkt der Realisierung derartiger Vorstellungen scheint hier nicht eingeflossen zu sein. Falsche Zielvorstellungen aber produzieren Enttäuschungen. Wie schön kann es für einen Pfarrer oder eine

Pfarrerin sein, wenn gelegentlich Kinder getauft werden, von deren Eltern dieser Schritt nicht zu erwarten war. Die Statistik spielt für solche Erfahrungen keine Rolle. Merkwürdig, dass die Taufe von Kindern, deren Eltern nicht Mitglieder der Kirche sind, nicht erwähnt wird. Sprengt dies das organisatorische System zu sehr?

Ortsgemeinden

Den vom Perspektivenpapier vorgeschlagenen Weg einer Ausdünnung der Organisation örtlicher Kirchengemeinden zugunsten von Profilgemeinden halte ich für einen falschen und gefährlichen Weg.

Theologisch und historisch gesehen ist das Christentum eine gemeinschaftsbildende Religion. Die Congregatio sanctorum ist ein Konstitutivum reformatorischen Kirchenverständnisses.

Global gesehen haben sich darum immer die christlichen Kirchen in Ortsgemeinden ausgestaltet. Es ist auch kaum zufällig, dass die paulinischen Lehrbriefe an konkrete Ortsgemeinden geschrieben worden sind. Die parochiale Ordnung ist eine der in dieser Tradition stehenden Organisationsformen. Die lokalen Gemeinden ermöglichen am stärksten eine kontinuierliche Gemeindebildung, weil sie auf bestehende soziale Strukturen zurückgreifen können.

Es ist immer schon so gewesen, dass einzelne Ortsgemeinden als Ortsgemeinden bestimmte Profile entwickelt haben. Träger waren jeweils lokale Gemeindekerne.

Das Arbeitspapier der EKD kennt unter dem Begriff „Profilgemeinden" durchaus auch solche Gemeindebildungen. Daneben versteht es unter Profilgemeinden anderes: City-, Jugend- und Kulturkirchen und dann wohl auch Tourismusgemeinden, Akademiegemeinden, Passantengemeinden. Natürlich kann man theologisch gesehen mit vollem Recht auf solche ephemeren Gemeindebildungen den Gemeindebegriff anwenden, wenn immer Menschen sich in solchen Gruppierungen um Wort und Sakrament sammeln. Organisationssoziologisch handelt es sich allerdings um eine im allgemeinen dünne Sekundärstruktur. Alle diese „Profilgemeinden" ohne Ortsbezug haben in der Regel doch wieder eine Mitgliederschaft, die zusätzlich relativ stark in örtliche Gemeinden eingebunden, kirchennah ist. Sie erreichen gemeindelose Christen gewiss auch, aber die Mehrzahl sind gemeindegebundene Christen. Im Blick auf eine Passantengemeinde, nämlich die des Christuspavillons auf der Expo 2000 in Hannover, haben Analysen dies deutlich genug herausgearbeitet.

Ideen, wie die der Profilgemeinden, sind ja nicht neu. In den 1960er Jahren haben Eberhard Müller und Hans Stroh von der Evangelischen Akademie Bad Boll solche Ideen vertreten. Damals hat man von Paragemeinden gesprochen und dabei vor allem auch an Betriebsgemeinden gedacht. Die Experimente von damals waren nicht erfolgreich. Im Blick auf die Gegenwart gesagt: Profilgemeinden können Ortsgemeinden nicht ersetzen. Sie ermöglichen in zu schwachem Umfang eine kontinuierliche Gemeindebildung. Mit Richtungsgemeinden ist dies anders, aber sie sind ja nicht gemeint.

Nun ist damit zu rechnen, dass sich das parochiale System aufgrund allgemeiner gesellschaftlicher Entwicklungen ausdünnt. Wie ist damit umzugehen? Die Auflösung von Kirchengemeinden und Kapellengemeinden kann nur der letzte Schritt sein. Das organisatorische Zusammenlegen von Kirchengemeinden ist ein Interesse der kirchlichen Bürokratie, gegebenenfalls auch der Pfarrer, nicht aber der Leute. Kirchenvorstände auch kleiner Gemeinden sind

Kristallisationspunkte gesellschaftlichen Lebens von Kirche. Die Mitarbeit dort ermöglicht verantwortliche Mitarbeit von Menschen mit ganz unterschiedlichen Gaben und Erfahrungen. Auf diese Weise wird dann auch ein Priestertum aller Gläubigen möglich. Dieses ist nicht an Lektoren- oder Prädikantendienste gebunden. Ich weiß aus der Praxis, von was ich rede. In meinen dreizehn Jahren Gemeindepfarrerzeit war ich für drei kleine Kirchengemeinden zuständig. Ich wäre nicht auf die Idee gekommen, nur auch die kleinste von ihnen mit siebzig Gemeindemitgliedern auflösen zu wollen. Die Männer und Frauen in den Gemeindegremien waren meine wichtigsten Ansprechpartner. Ich hätte sie nie für Posten gewinnen können, auf denen sie nur die anweisungsgebundenen Mitarbeiter und Mitarbeiterinnen eines geistlichen Chefs gewesen wären. Das ist wohl kaum nur im württembergischen Hohenlohe der Fall.

Von daher komme ich zu dem Schluss, dass eine Ortsgemeinde nur dann aufgelöst werden kann, wenn sie sich selbst auflöst.

Kooperationen von Kirchengemeinden sind oft sinnvoll. Aber vergesse man nicht: Kooperation kostet Zeit und Kraft und Geduld, Energien, die kooperationslos manchmal nachhaltiger verwendet werden könnten.

Die Auflösung von Gottesdienstplätzen ist im Allgemeinen hinsichtlich der Beteiligung kontraproduktiv. Die Leute gehen nicht einfach an den anderen Ort. Je zentraler Gottesdienste sind, desto höheren „Qualitätsstandards", was immer das auch sei, müssen sie genügen. Dabei muss Beteiligung am kirchlichen Leben wirklich ein Handlungsziel bleiben. Die Gemeindeaufbaukonzepte der letzten hundert Jahre versuchten hier Wege zu finden. Und weit zuvor hat das protestantische Vereinschristentum in diesem Zusammenhang Vorbildliches geleistet. Als Teil der Zivilgesellschaft hat der Nationalsozialismus die christlichen Vereine aufgelöst. Und die kirchlichen Engführungen der Nachkriegszeit haben ein über Vereine organisiertes Christentum stark behindert. Solche Tendenzen haben mit zur Überlastung der Pfarrerschaft beigetragen und die Realisierung des Priestertums aller Gläubigen schwieriger gemacht.

Die Erfahrungen von Megakirchen scheinen eine großräumige Ortsorientierung möglich zu machen. Die charismatische Youido-Kirche in Seoul hat ein paar Hunderttausend Mitglieder, die über die Riesenstadt hinweg wohnen, lange Zeit bei nur einer Zentralkirche. Aber sie hat auch unzählige lokale Hauskreise, die sich je einmal in der Woche treffen, gemeinsam die Bibel lesen, sich geistlich stützen, auch geistlich kontrollieren. Solche Gliederungselemente sind dann notwendig, wenn man höhere Partizipationsraten an den „Kernangeboten" erreichen will.

Dass neben den Ortsgemeinden regionale kirchliche Dienstleistungszentren denkbar sind, habe ich bereits im Rahmen der Entwicklung meiner eigenen Zielperspektiven angesprochen.

Doch noch etwas zur Quantifizierung der Zielperspektiven: 50 Prozent parochiale Ortsgemeinden, 50 Prozent Profilgemeinden unterschiedlicher Prägung soll es in Zukunft geben. Kann man die kirchliche Wirklichkeit eines Gebiets, wie das der Kirchen der EKD, mit derartigen pauschalen Verteilungen auch nur annähernd zureichend erfassen? Die Verhältnisse liegen doch überaus unterschiedlich und die Idee einer einheitlich gestalteten kirchlichen Versorgung in Deutschland ist schlicht illusionär.

Die EKD-Veröffentlichung

Perspektiven für die Evangelische Kirche im 21. Jahrhundert
Kirche der Freiheit
Ein Impulspapier des Rates der EKD
Herausgeber:
Kirchenamt der Evangelischen Kirche in Deutschland (EKD)
Herrenhäuser Str. 12
30419 Hannover
„Kirche der Freiheit" ist im Internet problemlos abrufbar.

Notwenige Ergänzung

Beim Wiederlesen des Textes von 2006 habe ich mich an ein Problem erinnert, das gestern wie heute aktuell ist: Die landeskirchlichen Ortsgemeinden müssen auch von ihrer kirchenrechtlichen und staatskirchenrechtlichen Bestimmtheit her verstanden werden. Örtliche Kirchengemeinden waren oder sind Körperschaften des öffentlichen Rechts. Als solche verkörpern sie die Landeskirchen in einem jeweiligen Gebiet. Wer in diesem Gebiet wohnt und Kirchenmitglied ist, ist automatisch Mitglied der jeweiligen Kirchengemeinde. Man muss sich „umpfarren" lassen, wenn man einer anderen Kirchengemeinde angehören will. Wer an das ortskirchliche System rührt, hat mit einer Problematik zu rechnen, die in den Zukunftsvisionen von 2006 und 2020 gänzlich außer Betracht ist. Wer die evangelische Kirche in Deutschland so weitergestalten will, wie von den Zukunftsvisionen gefordert, sollte erwägen, ob es nicht besser wäre, dass die Kirche sich rechtlich gesehen vereinsrechtlich organisiert, wie es viele „Freikirchen" schon tun und die nicht christlichen Religionen es längst praktizieren müssen. Ob diese Erwägungen 2020 wohl angestellt wurden und ich sie übersehen habe, weil ich zu oberflächlich gelesen habe?

Nachwort

Ansätze eines Vergleichs: Die Paradoxien kirchlicher Zukunftsperspektiven

Fünf Hinweise und ein biblischer Kontrapunkt

1 Die Machbarkeitsphantasien und ihr Ausdruck in der Sprache

Könnte die Situation der evangelischen Kirchen und Gemeinden in unserem Land nicht auch Anlass tiefster Irritation sein?: Lohnt es sich noch, Pfarrer zu sein und Pfarrer zu werden? Lohnt es sich noch, zu glauben oder aus dem Glauben zu leben versuchen? Alles scheint nur bergab zu gehen, Kirche in der Gottverlassenheit. Brauchen wir nicht den Zuspruch des Paulus: „Ist Gott für uns, wer mag wider uns sein? Der auch seinen eigenen Sohn nicht verschont hat, sondern hat ihn für uns dahingegeben – wie sollte er uns mit ihm nicht alles schenken?" (Römer 8, 31 und 32)
Wer die Zukunft der Kirche in Deutschland sich vor Augen führt, muss dieser Anfechtung Raum geben, damit kontrapunktisch die Zukunftsgewissheit zu ihrem Recht kommt. Dann kann man darüber nachdenken, was zu tun und zu lassen ist. „Auf Gott vertrauen und das Leben gestalten", so werden die zwölf Leuchtfeuer eingeleitet.
Und dann die Machbarkeit eines guten Kirchenwesens durch Leuchttürme und Ähnliches, dazu die Kirche als geglaubter Ort des göttlichen Schaffens, dem Dreieinigen Gott sich verdankend, nicht den Zukunftsvisionen der Macher, die das Planungsende 2030 beschreiben. Es ist die Sprache der Macher in beiden Papieren: Sie

wissen es, was für die Zukunft der Kirche wichtig ist und sie verwirklichen zielgerecht, was sie an ihren Planungstischen ausgetüftelt haben. Die Paradoxie liegt zwischen den formulierten Zielen und dem Ungewissen, was wirklich erreichbar ist. „Wir schaffen das"! hat die Bundeskanzlerin Angela Merkel gesagt. Es war ein Satz großer humanitärer Verantwortung angesichts der Flüchtlingsströme. Es war auch ein Satz, der die Grenzen menschlichen Vermögens außer Acht gelassen hat. Es ist nicht leicht, angesichts prekärer Aufgaben Sprache zu finden.

Nur eines noch: In der heutigen Moderne ist die Machbarkeit, auch gerade des gesellschaftlichen Lebens, zu einem Glaubenssatz geworden, der menschliches Handeln steuern soll. Die Umweltbedrohungen können nur durch die akkurate Umsetzung wissenschaftlicher Erkenntnisse reduziert werden, und Pandemien, die menschliches Leben bedrohen, hoffen auf den Impfstoff. Theologen stehen offenbar in der Gefahr, das Leben der Kirche nach ähnlichem Muster gestalten zu wollen. Darum werden Handlungsziele in einem Futurum propheticum unter die Leute gebracht.

2 Zwei Programme, die sich widersprechen

Kirche der Zukunft ist unwiderstehlich optimistisch: Wachsen wider den Trend. Und was heute: Kirche auf gutem Grund – aufgeschlossene Kirche, unwiderstehlich einfach und offen, öffentlich und einfach gut, schlicht gut, eben aufgeschlossene Kirche: Dass es da auch einmal evangelische Kirchen der Lebensordnungen gegeben hat, ist nahezu vergessen, vergessen nicht ohne Grund, muss man zugestehen (Einen kleinen Wikipedia-Artikel gibt es ja immerhin). Oder doch nicht ganz wirkungslos. Es soll Landeskirchen geben, in denen bei Kirchenvorsteher-Wahlen sehr genau überwacht wird, ob die Kandidaten politisch lupenrein befunden werden.

Es sind unterschiedliche Zielvorstellungen, die in den Zukunftspapieren der EKD angeboten werden und dies, obwohl die Laufzeit von „Kirche der Zukunft" und den „Leuchtfeuern" nicht zu Ende ist. Man plante in der Zeitperspektive bis 2030. Noch sind es zehn Jahre bis dahin. Die neue Gegenwart passt nicht mehr zu den Zukunftsideen von damals. So wird Programm 2 vor dem Ende von Programm 1 gestartet. Gleichwohl scheint es Zielvorgaben zu geben, etwa zu den Ortgemeinden, die liebevoll weiterverfolgt werden. Dies zeigt, dass unkontrolliert übernommen wird.

3 Die fehlende Evaluation im Programm 2 – kein Rückblick auf Programm 1

Wenn ich recht sehe, fehlt im neuen Programm von 2020 vollständig ein evaluativer Rückblick auf die Perspektiven von 2006. Man muss doch eigentlich begründen, warum schon jetzt ein neues Planungspapier verabschiedet werden soll. Manches mag in Programm 1 unmittelbar überzeugend sein, manches eben nicht, vieles nicht. Da liegen doch einfach auch Fehleinschätzungen vor, die zu benennen sind.

Allerdings sollte für die Evaluation nicht die EKD selbst zuständig sein. Was bisher, in den letzten Jahren, verlautbart worden ist, klingt doch sehr nach Selbstrechtfertigung und Selbstlob.

Zu erinnern ist an den Kontext, in den „Kirche der Freiheit" eingebettet war, nämlich an die Luther-Dekade. Zehn Jahre Luther, ein deutscher Luther. Die heute notwendige Internationalität ließ zu wünschen übrig. Vielleicht, weil es auch Missouri-Lutheraner gibt, geprägt durch deutsche lutherische Auswanderer, die sich den preußischen staatlichen Unionsbestrebungen widersetzten. Zu erinnern ist auch an die Programme in der Lutherstadt Wittenberg, voll mit Diskussionsangeboten im Stile der Evangelischen Akademien, weniger Angebote für flanierende Touristen aus dem In- und Ausland. Und dann der Kirchentag in Berlin-Wittenberg, der Abschluss-Gottesdienst in Wittenberg eher schwach besucht, viel geringer als die Veranstalter angegeben haben (Lesenswert: ZEIT ONLINE: Wittenberg, 11.02 Uhr: Wie wurden daraus 120.000?). Schließlich die anderen Orte: Eisenach und die Wartburg: Nur kein pathetisches Bild von jenem vorneuzeitlichen Luther, der mit dem Tintenfass auf den Teufel geworfen haben soll.

Wenn man alle diese vielen Aktivitäten und ihre finanziellen Aufwendungen zusammennimmt und dann schlicht die Entwicklung der Kirchenaustrittszahlen dem entgegenhält, zeigt sich, dass alle Bemühungen um die Umkehr der Zahlen zu Gunsten der Kircheneintritte vergeblich waren. Muss man da nicht nach Gründen fragen, ehe man neue Ziele vorgibt, also evaluieren?

Evaluiert werden sollten auch die so genannten Kompetenzzentren der EKD. Hier ist zusätzlich zu den Bemühungen der Landeskirchen um Aus- und Fortbildung der Pfarrerinnen und Pfarrer eine weitere Beratungs- und Fortbildungsebene eingezogen worden, die möglicherweise überflüssig war, auch erfolglos, wenn man etwa an die volksmissionarischen Programme denkt. Die neuen volksmissionarischen Konzepte waren so erfolglos wie Volksmission seit dem 19. Jahrhundert generell.

Zugestanden, vielleicht gehe ich zu scharf mit den letzten EKD-Jahren um. Umso mehr ist eine sorgfältige, von Fachleuten durchgeführte Evaluation notwendig. Es ist nicht auszuschließen, dass eine Solche Anstöße bringen kann, die bislang übersehen worden sind.

Noch so viel zu „Kirche der Freiheit", Programm 1: Wachsen gegen den Trend ist eine Utopie, der jeder Realitätsbezug fehlt. Programm 2 müsste gewarnt sein

4 Das Problem der zentralistischen Planung

Natürlich ist die Synode das Beschlussorgan, aber angesichts der Vielzahl der zu verhandelnden Punkte jeder jährlichen Tagung der EKD-Synode kann von einem synodaleren Weg nicht die Rede sein. Da machen es die Katholiken schon besser. Aber auch bei Ihnen gibt es Stimmen, die pastorale Planung lieber auf die Ebene der Bistümer zu holen, auch um möglichst viele in den Bistümern Verantwortliche zu beteiligen. Natürlich wird Kardinal Woelki das letzte Wort haben, wenn es um Köln geht, aber die Problemerörterung und Meinungsbildung unter vielen Verantwortlichen wird selbst vom konservativen Erzbischof anerkannt, Änderungen sind angesichts der Situation ohne Frage als notwendig gesehen (Domradio web-tv, Mediathek, Wort des Bischofs, 13.092020. Der Bischof spricht von 30000 Menschen, die am Prozess der pastoralen Planung sich beteiligt hätten).

Dem gegenüber geht die EKD im Blick auf die Neuplanung zentralistisch vor. Man entwickelt die Leitlinien in Sitzungssälen und Amtsstuben in Hannover, relativ fern von allen landeskirchlichen Gegebenheiten. Damit ist bereits festgelegt, dass auch die Umsetzung der Ziele bürokratisch erfolgen soll, über die Köpfe der in der Praxis der Kirche ehrenamtlich oder hauptberuflich Tätigen hinweg. Einem biblischen Bild der Kirche entspricht dies schwerlich. Paulus schreibt an die Gemeinden als ganze seine Briefe. Aber auch Planungstheoretiker werden ihre Zweifel vorbringen können. In Freiwilligkeitsorganisationen ist die partizipatorische Planung notwendig, sie ist nachhaltiger als Planungskonzepte, die von oben nach unten gehen, von Zentren entwickelt, die die Basis nur als ausführende Ebene sehen.

5 Die Reduzierung der Zahl der Ortsgemeinden und ihre unterschiedlichen Profilierungen

Hautnah ist das Problem der Zahl der Ortsgemeinden dort zu beobachten, wo das Kirchenamt der EKD seinen Sitz hat, Herrenhäuser Straße 12, Hannover, Richtung Stöcken im Westen und Richtung Norden, jenseits der Bahn. In diesem Kirchengebiet haben die Leute den schmerzhaften Prozess der Aufhebung von Gemeinden, auch gegen ihren Widerstand, erlebt. Leinhausen wurde nach Herrenhausen eingemeindet. Die Kirche wurde verkauft. Sie ist heute jüdische Synagoge. In Stöcken steht noch eine Kirche unbenutzt. Die Gemeinde ist aufgelöst worden. Die Kirchengemeindemitglieder wurden der Nachbargemeinde zugeteilt, nun sollen sie in der Bodelschwingh-Kirche zum Gottesdienst gehen. Eine Gemeinde jenseits der Bahn hat ihre Selbstständigkeit energisch gewahrt.
Zu einer Effizienz-Steigerung führen alle Maßnahmen nicht. Unter dem Strich bleibt ein Verlustsaldo. Die Leinhäuser können nicht vergessen, dass die Synagoge einmal ihre Kirche war. Nun, die Alten sterben, die

Jungen kennen es nicht anders, der Pfarrer gibt sich alle Mühe und die Kirchenaustritte gehen nicht zurück. Seine Chance ist die schöne Kirche in Herrenhausen. Dort kann man sich trauen lassen, selbst wenn man eigentlich in einer anderen Kirchengemeinde gemeldet ist.

Auch dies gibt es: Gemeinsame Gottesdienste, Gottesdienst in nur einer Kirche des Gebiets der Gemeinden. An Versuchen fehlt es keineswegs. Neue Gottesdienstformen werden erprobt.

Die Gemeinden haben je ein eigenes Profil. Es verändert sich mit dem Pfarrerwechsel. Immerhin, Pfarrerinnenwechsel und Pfarrerwechsel sind auch eine Chance für die Kirche der Zukunft. Mit dem Pfarrerwechsel wechseln nach und nach auch die Mitarbeitenden, nach und nach greifen die Veränderungen. Man weiß schnell nicht mehr, wer früher im Kirchenvorstand war, früher Diakon war oder früher im Chor gesungen hat. Kirchengemeinden haben ein kurzes Gedächtnis, nicht nur in großstädtischen Gemeinden.

Der planerische Umgang mit den Ortsgemeinden muss sich bewusst sein, dass schnell abgebaut ist und dabei viel zugrunde gehen kann.

Vielleicht wäre es gar nicht schlecht, wenn einmal das Planungsgremium der EKD einige Erkundungsgänge in den Ortsgemeinden des Kirchenamtes machen würde.

6 Biblischer Kontrapunkt

Es mag gut sein, auch theologisch angemessen, innezuhalten, eine neue Sicht der Dinge zu bedenken, weniger von den eigenen Möglichkeiten zu halten, bescheidener Planungsziele zu formulieren, das Futurum propheticum nicht anzuwenden und doch mit der Zukunft der Kirche zu rechen.

So habe ich es am letzten Sonntag gehört:

Meine Gedanken sind nicht eure Gedanken und eure Wege sind nicht meine Wege – Spruch des HERRN. So hoch der Himmel über der Erde ist, so hoch erhaben sind meine Wege über eure Wege und meine Gedanken über eure Gedanken. Denn wie der Regen und der Schnee vom Himmel fällt und nicht dorthin wieder zurückkehrt, ohne die Erde zu tränken und sie zum Keimen und Sprossen zu bringen, dass sie dem Sämann Samen gibt und Brot zum Essen, so ist es auch mit dem Wort, das meinen Mund verlässt: Es kehrt nicht leer zu mir zurück, ohne zu bewirken, was ich will, und das zu erreichen, wozu ich es ausgesandt habe.

Jesaja 55, 8-11, Einheitsübersetzung 2016. Alttestamentliche Lesung in der Kapitelmesse im Kölner Dom am 20. September 2020

Abgeschlossen am 22. September 2020

BEI GRIN MACHT SICH IHR WISSEN BEZAHLT

- Wir veröffentlichen Ihre Hausarbeit,
  Bachelor- und Masterarbeit

- Ihr eigenes eBook und Buch -
  weltweit in allen wichtigen Shops

- Verdienen Sie an jedem Verkauf

Jetzt bei www.GRIN.com hochladen und kostenlos publizieren